我是未來 編程員

辛妮·索馬拉博士　　著

嘉芙蓮·科　　協作

納迪婭·薩雷爾　　繪

新雅文化事業有限公司
www.sunya.com.hk

森姆今天到喬姨姨的家裏玩。
「森姆，我們今天一定會玩得很高興的！」喬姨姨說。

森姆看見喬姨姨房裏有許多小裝置和電腦，感到很詫異。
「喬姨姨，你是做什麼工作的？」森姆問。

「我是編程員！負責編寫電腦程式，告訴電腦該做些什麼。」

「電腦也需要指示嗎？」森姆從來沒有想過呢！

「沒錯，如果沒有指示，電腦就不懂得運作。電腦透過**演算法**（即一連串的步驟），來解決問題。就好像現實生活一樣！」

「嗯？」

「例如早上準備上學……」

鬧鐘響起，你醒來了。

你關掉鬧鐘後，起來梳洗。

然後穿好衣服，

吃早餐

和刷牙。

你要做好這一連串的事情，才上學去，
而且還要按正確的次序呢！

喬姨姨笑了笑。
「說起早餐，你想吃
些麥片嗎？」

5

「我們四周都有各種不同形狀和大小的電腦，即使在廚房裏也有呢。」喬姨姨解釋，「例如這個微波爐！你能發現還有其他電腦嗎？」

微波爐

收音機和
擴音器

電冰箱

冷凍室

洗衣機

智能手錶

6

電動車

恆温器

太陽能路燈

電水煲

洗碗碟機

電焗爐

「這些物品叫做『硬件』。而我編寫的程式就是
『軟件』，會指示硬件執行對應的工作。」

吃過早餐後，喬姨姨帶森姆到屋外的工作室。

「看看這塊電路板。它的開關是用一種稱為『二進制碼』的基本碼，這種編碼只用 0 和 1 來表示開關。1 就是開，0 就是關。」

最初，電腦代碼只有數字和符號。後來，**格蕾絲‧霍普**（Grace Hopper）開創了用文字來表達的代碼。

1960 年代，她希望人們可以不用學習那套複雜的符號，也能編寫程式，於是創造了 COBOL（通用商業語言），讓人們用英文來寫程式，然後電腦會將英文轉換為代碼。

森姆細心觀察電路板，問：「那些黑色的東西是什麼？」

「是晶片！」喬姨姨說。

「晶片裏有數百萬道邏輯閘，用來處理複雜的工作。有些晶片負責呈現電腦屏幕上的圖像；有些晶片有很多記憶體，負責儲存資料；有些晶片負責執行電腦程式。」

「所有電腦都有電路板，即使體積細小的也有，正如你的手錶！如果將手錶拆開來研究，然後再重新裝配，會很有趣喔。但當然你一定要先得到父母的同意！」

「比爾・蓋茨（Bill Gates）很年輕的時候，就開始研究電腦。後來他創立了微軟公司，如今微軟已成為全球最大的科技公司之一！」

「好像有人按門鈴。」森姆說。

11

他們匆匆回到屋裏，但門外並沒有人。森姆留意到門外的地墊上有一張字條。

「是派遞員的留言。」喬姨姨說，「他剛才想把一個包裹送過來，但屋裏沒有人。」

「森姆，快穿上鞋子。我們一起去拿包裹，那個包裹是給你的！」

「是什麼來的？」森姆問。
「待會兒你就知道了。我有個提議：在前往郵局的路上，你何不試試寫一個如何到達郵局的演算法？」

「向前走一步、兩步、三步。」
森姆數一數到達閘門的步數，然後
寫下來。

他們出閘後向右轉，森姆又開始數
數：「一步、兩步、三步……」
「等一下。」喬姨姨說，「我
們要把向右轉的步驟也寫下來呢。
如果要告訴別人怎樣去郵局，你也
要向他們說明什麼時候轉彎。電
腦亦一樣──指令要非常清晰，
才能正確地執行所需工作。」

他們再走了十步，然後向左轉。

接着，往前走四步，然後向右轉。

但走了五步之後，出現了一個問題……

有修路工人在前方鑽地呢！

「我們要回頭走了。」喬姨姨說。
「不去郵局了嗎？」
　　喬姨姨微笑着說：「編寫程式時，經常會發生錯誤，但每個錯誤都讓編程員學到一些有用的東西。這條路不通，我們可找另一條路去郵局，以修正錯誤。」

16

他們回頭走了五步，看到分岔路口，
他們不向右轉，而是向左轉。

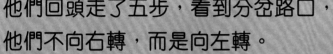

他們走了六步，然後向右轉。

往前走了五步，
再向右轉。

多走八步後，他們
到郵局了！

17

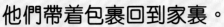

他們帶着包裹回到家裏。

「我可以先把代碼寫出來，才打開包裹嗎？」森姆問。

「當然可以！」喬姨姨說。

「做得好啊！」喬姨姨稱讚森姆，「任何人想要從我家去郵局，都可以用這個代碼。他們只需要明白這些指令的意思。」

Bonjour!
（法語，意思是「你好！」）

要明白編碼指令，就像學習外語一樣。
電腦語言也有很多種類。

Python 是一種程式設計語言。

每種電腦語言也有特定的格式。

Java 是一種編寫應用程式（Apps）的編碼語言。

而每種電腦語言也有不同的用途，
例如編寫 Apps、指示操作、建構網站。

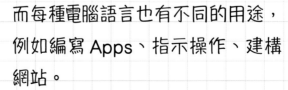

「我們甚至可以派一個機械人按照你寫的演算法去郵局。」喬姨姨對森姆說，「只要機械人明白編碼的意思便可以了。」

「機械人可以獨自去郵局嗎？」森姆問。
喬姨姨點點頭，說：「我們全程都不用在機械人旁邊，雖然機械人到達郵局時，職員可能會感到很驚訝！」

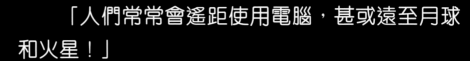

「人們常常會遙距使用電腦，甚或遠至月球和火星！」

瑪嘉烈‧希菲耀‧咸美頓（Margaret Heafield Hamilton）帶領團隊編寫太陽神太空船登陸月球的代碼。

假如沒有她編寫的軟件系統，尼爾‧岩士唐（Neil Armstrong）和巴茲‧艾德林（Buzz Aldrin）也許沒法在 1969 年登陸月球。

她還替美國第一個太空實驗室「Skylab」開發軟件。

火星探測器

近年，人類把一些機械人送上火星，然後在地球上控制它們。

這些機械人負責收集火星上的石頭和土壤資料，看看火星的環境是否可以孕育生命。

「嘩！」森姆說，「機械人可以完成這些工作嗎？」

喬姨姨笑了笑，說：「它們幾乎可以做任何事呢！電腦越來越有智慧，我們就能做更多以前做不到的事情。」

喬姨姨輕拍了一下桌上灰色的小裝置，然後對着它說：「可以告訴我們什麼是人工智能嗎？」

「當然可以！」那個裝置以機械的聲音回答。

人工智能是指電腦程式或機器能夠發揮像人類思考和學習的能力。

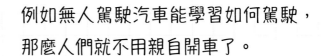

例如無人駕駛汽車能學習如何駕駛，那麼人們就不用親自開車了。

最重要的是，這些汽車安全可靠，而且能應付不同的天氣和路面情況。

世界上一些頂尖的編程員正在研發這種汽車，例如樓天城，他是中國最先進的自動駕駛初創公司小馬智行的創辦人之一。

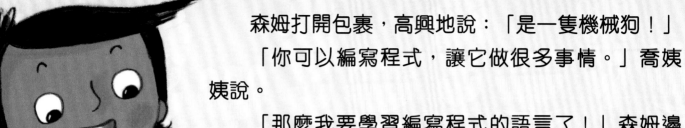

森姆打開包裹，高興地說：「是一隻機械狗！」

「你可以編寫程式，讓它做很多事情。」喬姨
姨說。

「那麼我要學習編寫程式的語言了！」森姆邊
說邊小心翼翼地拆開包裝紙，然後閱讀指示。

沒多久，森姆已編寫好程式，使機械狗能
發出叫聲，向喬姨姨傳達重要的信息⋯⋯

「我如何能像你一樣
成為一位編程員呢？」

要成為編程員，你必須具備編程員的
思考模式。在指示電腦解決問題的過程中，
你需要有好奇心、創意和耐性。

在家裏四處看看，想想有什麼事情
你希望電腦或機械人能夠幫你完成。

機械人會替我遛狗嗎？

你能為朋友們設計一個新的電子遊戲嗎？

到了睡覺的時候，你會寫一個程式來關燈嗎？

機械人可以怎樣幫助你收拾書包？

電腦可以怎樣幫助藝術創作？

　　成為編程員最好的方法，就是由學習編程的基礎知識開始。編碼掌握得越好，你就越能發揮更多創意，並在生活上實現出來！

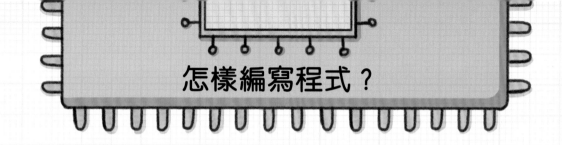

怎樣編寫程式？

學寫程式有很多方法，而其中一個方法就是透過 ScratchJr。這是一個免費的網上編程應用程式，可以讓你學習編碼的技巧。

你最喜歡什麼故事？可以嘗試用 ScratchJr 製作有關這個故事的短片、動畫或遊戲。

編寫程式最重要的是想清楚程式裏的每個步驟。程式就像一個故事，
有開首、中段和結尾的部分。

將程式碼按正確次序編
排，稱為**定序**。而這串
步驟則組成**演算法**，
可以讓電腦執行指令。

別忘了，編寫程式其中一個有趣
的地方，就是找出和修正錯誤，
所以如果開始時一團糟，不要氣
餒，再試試看。

可以請一位成人陪你瀏覽 www.scratchjr.org，看看你們
一起能創造些什麼吧！

謹將此書獻給爸爸、媽媽和夏琳，並特別獻給索拉雅，因為她心思縝密、頭腦冷靜，啟發了我撰寫這本書。謝謝你們的支持和疼愛。

辛妮‧索馬拉

感謝我的哥哥維尼，他為我解決技術上的問題，也是最厲害的組裝電腦高手。作為你的妹妹，真好。

納迪婭‧薩雷爾

夢想STEAM職業系列

我是未來編程員

作　　者：辛妮·索馬拉博士（Dr. Shini Somara）

繪　　圖：納迪婭·薩雷爾（Nadja Sarell）

翻　　譯：張碧嘉

責任編輯：楊明慧

美術設計：劉麗萍

出　　版：新雅文化事業有限公司

　　　　　香港英皇道499號北角工業大廈18樓

　　　　　電話：(852) 2138 7998

　　　　　傳真：(852) 2597 4003

　　　　　網址：http://www.sunya.com.hk

　　　　　電郵：marketing@sunya.com.hk

發　　行：香港聯合書刊物流有限公司

　　　　　香港荃灣德士古道220-248號荃灣工業中心16樓

　　　　　電話：(852) 2150 2100

　　　　　傳真：(852) 2407 3062

　　　　　電郵：info@suplogistics.com.hk

印　　刷：中華商務彩色印刷有限公司

　　　　　香港新界大埔汀麗路36號

版　　次：二〇二一年七月初版

ISBN: 978-962-08-7810-7

Original Title: *A Coder Like Me*

First published in Great Britain in 2021 by Wren & Rook

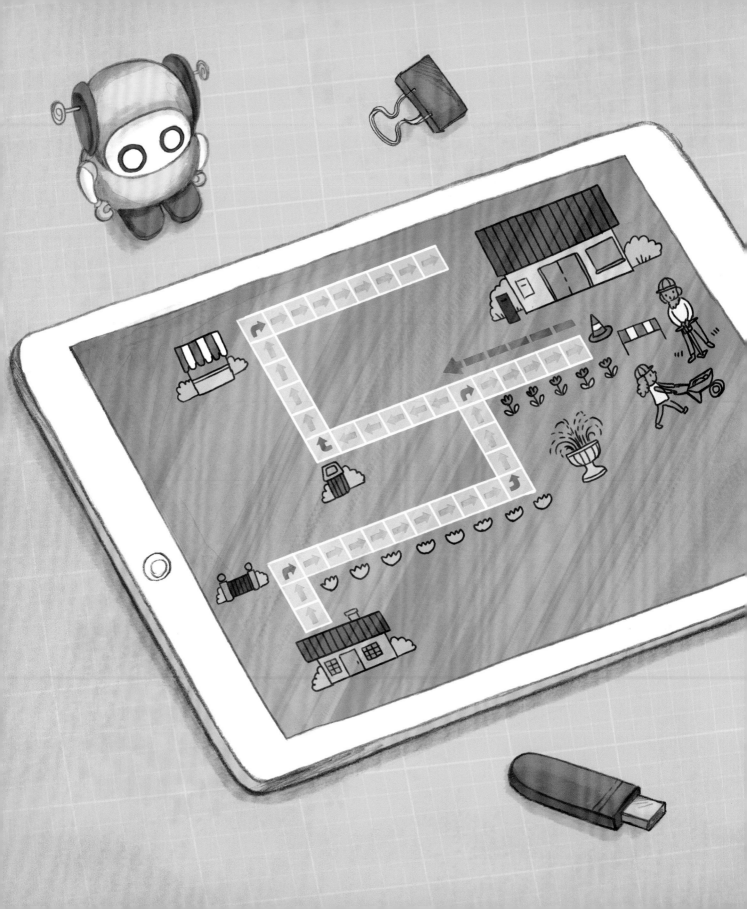